Casas Geraes

Rendrik F. Franco

Casas Geraes

Poesia
ILUMI/URAS

Copyright © 2016
Rendrik F. Franco

Copyright © 2016 desta edição
Editora Iluminuras Ltda.

Capa
Eder Cardoso / Iluminuras
sobre detalhe da obra *um rumo*, de Antonio Geraldo Figueiredo Ferreira

Revisão
Iluminuras

CIP-BRASIL. CATALOGAÇÃO NA PUBLICAÇÃO
SINDICATO NACIONAL DOS EDITORES DE LIVROS, RJ
F897c

    Franco, Rendrik F.
        Casas Geraes / Rendrik F. Franco. - 1. ed. - São Paulo : Iluminuras, 2016.
        80 p. : il. ; 19 cm.

        ISBN 978-85-7321-508-3

        1. Poesia brasileira. I. Título.

16-34275 CDD: 869.1
CDU: 821.134.3(81)-1

2016
EDITORA ILUMINURAS LTDA.
Rua Inácio Pereira da Rocha, 389
05432-011 - São Paulo - SP - Brasil
Tel. / Fax: 55 11 3031-6161
iluminuras@iluminuras.com.br
www.iluminuras.com.br

Para Áurea Rampazzo, que me mostrou o caminho.

Para Davi Arrigucci Jr., que o alumiou.

Para Fabíola e Guilherme, minhas Casas.

Agradecimentos

Ao Museu Lasar Segall e à Fundação Ema Gordon Klabin,
Casas Mães dessas Casas Geraes.

Ao Antonio Geraldo, amigo para todas as palavras e tempos.

Mas não há nada como histórias para reunir na mesma casa...
Mario de Andrade, "Noturno de Belo Horizonte".

ÍNDICE

Casas Geraes, 17
Casa de fazenda, 19
Passagem, 21
Encontro, 23
Ninho, 25
Última casa, 27
Berço, 29
Cova, 33
Pomar, 35
Kanun, 39
Penélope, 43
Varanda, 47
Paisagem, 51
Procura-se, 53
O cão e a casa, 55
Casa de avó, 57
Casa de amigo, 59
Reino, 61
Ninhos, 63
Quintal, 65
Reparo, 67
Espera, 69
Descanso, 71
Abrigo, 73

Casas Geraes

CASAS GERAES

As casas de Minas
não são casas quaisquer.
Mais velhas que as de Goiás,
mais claras que as de São Paulo,
têm mais cheiros que as demais.
As casas de Minas têm infância.
Elas têm remédios pra pesadelo,
são cofres cheios de novelos
que só existem nos poemas sobre seus espelhos.
As casas de Minas têm armários velhos
onde se escondem escritos e segredos.
Gulosas, seus doces
não são sobremesa somente,
são uma vida inteira.
As casas de Minas são uma saudade toda,
assim meio à toa,
mas só quando o farol do tempo escoa
e elas se escondem
lembramos seus alpendres e sombras.
As casas de Minas são castelos, relógios, aromas:
não confessam, mas são imortais.
Foram todas gestadas
com as preces dos homens
com o instinto do lobo

os sonhos dos pássaros
com o barro e a bica
e o suor da montanha.
Em Minas, o vento fortalece
as juntas das casas, das mulheres, das avós.
Deve ser por isso que lá as casas abraçam sempre.
Em Minas, as casas são gerais
e são uma, são todas, são muitas.
E são minhas, as casas de Minas Gerais.

CASA DE FAZENDA

Uma revoada de peixes
balançou as cores estiradas no varal.
Lembro-me bem: foi no mesmo dia
em que espiei os seios de Lurdinha
nas frestas de minha vontade.
O suor escorreu seco nas vistas
enquanto aquele corpo...
arranhado na água.
Assim aprendi a soletrar a chuva e o amor.
Naquela noite ou em outro dia
nem era domingo
o sino se esqueceu
a figueira deixou o sol
o quintal escondeu
a lagoa invadiu o fogo
perdi-me num mar à meia-luz.
Passei então vinte tempos
desentortando pensamentos
até o sangue chorar por minhas unhas.
Bebi ventos sobre o pasto
enfrentei serpentes no crepúsculo
desisti de orvalhos para ser sério.
Desfiz rastros irisados de indecências, mas nunca menti.
Regava desertos nas madrugadas

e passava os dias entendendo a morte das lagartas.
Vez por outra cercava outros quintais outras águas
[outros chãos
e retornava a cada inverno a meu mistério.

Hoje acordei.
Pensei escutar o cajueiro no meio das nuvens.
Abri os olhos, era só uma tonelada de edifícios.
Ultimamente é proibido os peixes enfeitiçarem varais.

PASSAGEM

É cedo, o sol bica as telhas da casa estirada no colchão da manhã.
Os corvos também lhe fazem cócegas, querem içá-la do chão
enquanto o orvalho evapora a exaustão dos amantes.
Houve um uivo preso no seio da casa;
hoje é um sonho,
encarcerou-se mudo num quarto sem luz.
Uma criança libertou um abutre no meio do sonho.
No retorno, era um ninho de espinhos que ensinou o caos.
Quando o dia surgiu no canto da lua
a casa bocejou o espanto dos famintos diante do verme,
fez da árvore uma cruz,
do deserto, um tempo,
apagou suas luzes todas,
pôs-se a observar o chifre de marfim no céu.
A casa acolheu tanta tristeza que numa noite inventou a lágrima.
Cultivou no ventre os mistérios do homem, mas nunca foi mãe.
Talvez por isso, quando lhe disseram que o mar
                                    [lhe daria um espelho
e sua história seria escrita, a casa desapareceu.
Conta-se que antes de fechar-se, pediu para
                                    [desmorrer uma última vez.

ENCONTRO

De tempos em tempos visitam-na.
Já não é a casta de épocas brandas,
envelheceu sem pressa:
sem o juízo dos jovens
ou a fome dos amantes trêmulos,
abriu-se insone a todos os gêneros.

Diz-se que no último inverno,
saudosa de uma criança,
exclamou trinta fogos sempiternos,
maquinou contra todos,
escondeu os espelhos de todos,
não houve mais sombras sob seu teto.

Nunca se ressentiu das escadas brancas,
teve suas sanhas,
mas aceitou açoites
com a placidez dos chás de fim de tarde
e das colheitas de abril.
Comedida, somente sussurrou
diante das ruínas do pátio
e segredou aos pássaros
as blandícias de fenos no outono.

Teve relíquias usurpadas
por águas piratas
que não viram o pranto do sótão
a ressoar nas amuradas.
Quando a noite emergiu, após cinco décadas,
fez-se nua para profetas e deuses
que deixaram a lua por seus prazeres.

Não se lembra quando,
foi visitada por um menino.
A ele sucumbiu, abriu os seios
e sonhou o descanso:
uma vida seca de vida.
O menino entrou, perdeu-se.
Onde está o menino?
Só se vê, no espelho,
um velho
e a sombra de seus espinhos.
Onde está a casa?
Só há ruínas sob as rugas do menino.

NINHO

Onde estão os versos
que escondem a casa de minha infância,
onde estão?
Não os encontrei
no meio dos prédios
nem no miolo do formigueiro
que apareceu aqui pela manhã.
O quintal era outro,
de que não me lembro.
Talvez tivesse varais,
pássaros, outros formigueiros,
tantas coisas mais
e um certo aroma de musgo.
Era a cozinha que dava para o quintal?
Era a cozinha enorme,
e enorme era Zica,
Zica e seus quitutes.
Foi ela que me passou a mão pela cabeça agora?
Acho que houve gêmeos,
separados por uma lâmina
da qual nenhum verso restou no mar.
Não posso ter certeza,
mas minha avó me visitou à tarde,
leu um livro de presente

e perdi a fome até o próximo.
À noite, o quarto surdo ainda ressoa medos
em algum corredor com o pai
(dele me lembro).
Outro dia, procurava uma rima,
abri a cortina e tomei um susto:
a lagoa virou cimento.
Gritei por meu irmão,
devia estar dormindo
ou meu lamento
não chegou ao seu castelo.
Procurei mais uma semana
pela casa escondida sob versos.
Finalmente amanheceu
e sonhei que ela mudou de cor, de bairro, de século.

ÚLTIMA CASA

Assim eu quereria minha última casa.
Vértebra pulsando nas curvas da neblina,
um coração de barro sem grades ou silêncios.
Teria mil tetos se abrindo a todos os mares,
seria a face dos tuins que amam a chuva nas calhas.
Lenta, num tempo que não é dos ponteiros.
Uma rosa minando na estepe,
uma artéria ardendo no inverno.
Um verso que irriga o vento e se perde num encontro,
um berço onde dormem as curas.
Minha última casa seria a única que antes nunca houve.
Seria eu num ninho, e todas as manhãs seriam uma casa em mim.
Minha última casa haveria de não ter métrica,
aboliria os cárceres, os colegiados, os pressupostos,
brincaria de pique-esconde com as rimas,
sopraria seus sonhos em rios sem marfim.
A última casa seria também o último grito de um anjo,
o cheiro da relva no cio,
o respeito das mulheres no altar.
Suas lembranças seriam a dos córregos de Minas,
sua saudade seria o arrepio das janelas em dia de frio e sol.
Minha última casa seria habitada pela sede das onças,
nela vagariam as almas dos doces,
nela as crianças e as romãs não adormeceriam jamais.

Quando varresse os cantos da última casa, nasceriam
[o infinito e uma águia.
Nas gavetas, guardaria potes com amigos.
Os cofres teriam recheio de jabuticaba e mãe.
Na minha última casa
minha avó seria eterna,
meus irmãos ainda viveriam em castelos,
meu pai me chamaria pra pescar.
Assim quereria minha última casa.
Não que nela coubessem todas as palavras ou fins.
Quereria que ela fosse apenas um poema feito pra mim.

BERÇO

Poeta, tu não percebes
que tua poesia túmida e excessiva
não te encaminha, já não te serve
já não serve
já não pode mais?
Cadê a memória do menino,
quede o menino da tua poesia,
das tuas Minas Gerais?

Não havia blues ou uísque
nem o tal do Take Five
havia era a rede o verde a tarde o acalanto
o gavião no matagal
o marcar bezerro no curral
o sussurro do leite despejado no latão às cinco da manhã
a preguiça do orvalho pendurado na formiga do limoeiro
o agito manso da cauda das vacas no pasto
ruminando olhares de sapiência
(sabiam mais do que o poeta soube jamais).

Fortuna era Tiãozinho e sua viola
cantarolando bruxices na varanda
e as jabuticabas farolando de preto
o quintal de barro.

Gostosa era a água da bica
a água da represa
a água da chuva fria
a da saliva de Lurdinha
a do suor do meio-dia.

Naquele tempo fantasia não era sexo
era ambrosia e doce de leite.
Não entendias nada de saias
só um pouco de beijos
e mastigavas a biblioteca de tua avó
que atentava o fim do livro pra dizer:
— Menino, vem comer!

Havia a poesia das romarias
das mulheres castas e das nem tanto
a poesia das mulheres e dos homens
cantando nos arrozais.

A poesia do tamanduá na mira:
— Mata não, pai!
E o primo: Mata!
— Não mata!
O disparo não nascia,
o sorriso crescia.

Havia o tocar piano escondido
(se o tio pegasse virava maricas),
havia os pitos, as empadas de Zica, os escritos.

O mundo poetava o universo
quando o pasto emendava no canavial que emendava no sol
e a pintura chamava a lua, donde brotavam
                              [as estrelas o vento o sono
a geada da madrugada
e o beijo da mãe.

Hoje, poeta,
tua poesia é uma gaiola sem pássaros.
A poesia mínima, máxima,
se perdeu,
adeus,
meu Deus, cadê?
Não encontras mais o raiar dos galos
nem as estrelas nem as estradas
das terras roxas de Minas e de Goiás.
Cadê tudo, meu Deus,
só tem adeus?
Hoje parece tudo entranha,
poesia impotente, solitária, elidida.
Hoje o poema é um orgasmo dolorido.

Conforma-te, poeta.
Não vai voltar o cão.
Não faz voltar o pai.
A rede foi descansar, carregou Tiãozinho e Zica.
Os gaviões caíram todos,
levaram as jabuticabas.
O tempo varreu o pasto
as estrelas

as estradas
o sono
o luto das carpideiras
e os cupins.

Restou o poeta,
sumido no meio das letras,
caraminholando estrofes
de quando a poesia era criança.
Naquele tempo, jabuticaba
já ornava com Ituiutaba.
Era bonito, nem precisava rimar.

COVA

Houve uma casa.
Nela, jovem,
fundi minhas mãos em absinto
e me pus a brincar com velas.
Suas carícias congelaram minha voz
mas não me calei eternamente.

Num domingo,
a cigana tocou minhas mãos,
povoou um grito
e depois um artista disse
que a viu num hospício.
Prossegui sem solenidade,
à espera de um movimento do sabre.
Assim passaram-se mares
e rezei, mármore.

Cresci sob o tempo das árvores,
abstive-me de castidades.
Banhei meus pés em cinzas,
fiz calar a relva dos pastos
o calor dos salmos
a esperança dos ratos.

Semana passada soou a campainha:
avistaram meu fantasma sob a ponte.
Quando abri a porta,
deram com um precipício insolente,
tártaro, insone.

No jardim, sob a cruz,
repousa o abutre que numa tarde chorou.
O silêncio contíguo do pátio
ensurdece as saúvas,
mas meus olhos não choram.

Em outro outono, no mesmo pátio,
o caldeirão sorveu a criança
que ainda sorri no retrato.
Desde então, ardo
nas águas cáusticas dos sábados.

Foram-se todos.
Na última noite,
até o cajueiro foi desenganado.
Sim, foram-se todos.
Assim houve uma casa.

POMAR

Sessenta anos
e nenhuma notícia do outro lado da sebe.
Arei seis talhes no deserto,
sobre eles plantei minhas peras e meus tetos.
Creio qualquer erro de minha parte,
pois o engenho me fez cego.
Meneei novas medidas,
semeei orquídeas no peito,
brotaram estacas e pinças.
O médico quis removê-las,
o padre ainda medita.
Escondi-me dos sóbrios,
dos corvos, das febres,
num vestíbulo de espinhos.
A sebe que me cerca
parece reflexo do peito
repleto de trincas.
Bem que meu pai disse,
em outro século: menino,
teu destino não é agrícola.
Soçobrei,
minhas mãos carnívoras
a sangrar as rochas,

os olhos pensos
perseguindo urtigas no mar.
Quando chega o circo,
a praça se lembra, talvez,
de meu retrato em amnésia,
e as mães paralisam
a história de outras fábricas
nos longes em que havia águas.
Desde que nunca mais choveu
(era outono, eu sei)
não houve mais onças ou pétalas.
É dito que as feridas desde então
não cicatrizam nem quando
explodem os poemas.
As palavras mudaram de rumo.
Carnaval agora é túmulo,
o amor virou líquen,
perfume é coisa de mortos,
as fêmeas não têm relíquias,
os homens são novelos,
Luísa envelheceu,
Casimiro se matou
e as paredes se encheram de rugas.
Só eu mantive o esgar férreo
ante as farpas
que nascem no peito.
Só eu ouço os que
afogam os grilos,
queimam os rios,
ordenam-me basta.

O resto do oceano
foi indiferença e pedras.
Todos morreram e não sei?
Meu pomar restou intacto
como o desespero dos pais
que perdem os filhos.
O mundo todo se safou
e eu só comigo mesmo,
a vida num coágulo de estanho,
meus pés mastigados pelo pó.
Se peço a poesia
dão-me um cárcere,
quando tenho sede
extirpam-me a fé.
O último apóstolo pousou no quintal
e vertebrou minha alma de cactos.
Abracei-os, doei-lhes
meu tórax
minhas rimas
minhas vestes
minhas cores extintas
meus limões.
Prometi uma prece
se me trouxessem uma explicação.
Sábios abriram papiros,
pássaros removeram os espinhos
(cresceram novamente,
invadiram o peito, a úvula, as vísceras,
fizeram-me guardião dos gritos).

Semana passada
avistaram novo planeta
e senti o degelo na serra.
Chegou até um jornal
aqui na província:
anuncia novo circo
depois de um inverno,
não disseram qual.
Não esperei.
Amanheceu, a fome boêmia
teceu meu pensamento:
a serpente e o sabre
estão prontos para o jantar.

KANUN

Sonho a lenha no sítio
como sonho um precipício:
a lenha fervendo leite e fímbrias
tecendo brasa e vícios.

A lenha queimando lenta
o corpo interior do fogão,
lambendo com línguas anfíbias
a dança mansa das mãos.

A lenha ainda ressoa
os olhos castanhos da mãe?
Ainda apregoa sua febre
no abraço de dois irmãos?

Até esta manhã, não.
Mas ela bateu-me à porta,
pediu um fósforo,
na antessala se instalou

fincando brasas e sentença
no miolo do peito.
Hoje era só outra manhã,
amanhecia sem maçãs;

donde então veio essa fábula,
onde o sopro a reacendeu?
cadê a casa queimada?
o forno não apodreceu?

Estava aqui, intranquilo fastio,
não carecia de aparição,
veio esta, dada por morta,
morta visitando a manhã.

Por que não se queimou,
não queimou minhas preces
meus pés meus amores
meus gravetos minha alcova?

Essa fogueira espelha somente
um tempo de outro sonho.
É um lento engodo
posto em quadras que consomem.

Uma pausa nesse palco enquadrado, que venha a verdade à tona:
Lenha, não se ressuscita os velhos matagais e igrejas.
Lenha, tua carne profana esqueceu as labaredas?
Fogo moço, fogo imposto, fogo alastra, manta de sol sobre
a mata, as crias dos pássaros arrasta, os novilhos sufoca,
nos canaviais mais avança, engole da criança a infância,
sorve tudo todos tudo todos os nossos.
Desígnio cumprido, tudo
se amansa
se afasta

se desinstala
se cansa
se cala.
Morto fogo, morta história, deposta navalha.

Não decoraste os ritos dessas montanhas?
Sai de minha sala, de meus ossos,
tira esse sol de minha alma,
Xô, demônio de asas que exala falsos campos,
Vade, te ordeno, peço, suplico:
abandona meu repouso dos fatos em inferno já instalado,
vá queimar outros pastos mais vastos.
Se não se for, se houver teima,
te cuspo,
chamo os bombeiros,
liberto as comportas,
prometo uma lágrima,
instalo um terror,
inscrevo um poema.

PENÉLOPE

O vento, porta adentro
desenha-me por dentro:
serpente, cavalga silêncios
preenche-me, lento.

Também nesse vento
tempos de outros ventos
grãos de outros silêncios
e histórias de que me lembro.

Houve Virgília, cega, virgem.
Marina esculpiu-se de casta a matriz.
Leôncio levou de Lívia o bem.
Teodoro, vício e desdém.

Certa Cassandra à noite, lascívia.
A seca Vitória, sem decoros.
Eusébio perdeu-as para Heitor:
no quarto, a forca e a flor.

Aurora se foi em sonhos.
Toledo ao fim não se traiu.
Fátima, o pecado e os filhos:
Cornélio e Severo, a foice, o fim.

Tiraram de mim a menina
Maria e seu aroma de anis.
Cortez rumo ao Sul perseguiu-a,
foi dito que nunca a viu.

Na guerra, abrigo de estranhos
e chagas. Na paz, rosas e danças
palmas brindes fervores,
não mais que lembranças.

No tempo dos candelabros
outras volúpias, outro o muro
entre o breu e o lume
entre a vista e a bruma.

Ouvi poemas contarem
às tardes os segredos meus;
sob mim, numa tarde
a infernos um poeta desceu.

Sem dores ou febres
jovem, pétreo, meu corpo
resistiu, todo concreto
a algozes, fuzis e tremores.

Outono, carícias das folhas no pátio
então lãs de neve no pátio
odores das cores no pátio
no pátio, outro ciclo: ebule, o pátio.

Ouviu-se meu grito quando, fogo extinto,
a figueira cerzida em força,
ao relento, eternamente ruiu.
Pássaros sobre cinzas, debris.

No vazio de anos
o vento e a casa
a casa e o vácuo
o frio e a casa:

sobre minha pele
relvas ratos insetos;
teto entre teias,
fui albergue de todos os seres.

Na manhã, novos ventos:
novas gentes, velhos espelhos
pinturas relógios novelos
vestidos e livros

(de couro, vermelhos)
louças baús castiçais
gobelinos meninas meninos
a avó, um cão e os pais.

De meninos, meninas, a pais.
Os de outrora? Sonham
ao norte da colina, em paz.
O cão é outro, outra minha tez:

esconderijo de cicatrizes
ruídos lareira azulejos
catres cópulas fluidos
desamores de vidas inteiras.

Hoje o cansaço. No entanto:
uma última festa, anciã!
O pranto dos ossos
recusa novos afãs.

Amanhã eu e o ontem
refeitos, desfeitos talvez.
Amanhã uma certeza,
o vento desenha outra vez.

VARANDA

Se como pão
   não como pera.
Pão ou pera?
Como minha pera enquanto passa
essa chuva de sexta-feira.
Penso no pão depois da pera,
penso em minha perna,
essa espera é uma canseira.
Assim a vida, a chuva, as sextas-feiras:
pai ou mãe,
pão ou pera.
Espero o sol?
Que sol, que chuva,
que nada,
o que é uma garoa
pra quem esperou a vida inteira?
Passou o trem,
passaram os pássaros,
passou piano,
passou Alaska,
passou a vida
e meu pão aqui, sem geleia.
Passou Maria
passou Judite

Carolina se foi de gripe
e fui ficando
enquanto chovia.

Enquanto chovia
sobre o barro
sobre a bica,
picada de vespa
se curava com cachaça,
aborto de freira
se curava era com cachaça,
mancha de filha
se vingava na praça,
morte de pai
se curava só com cachaça,
pra meningite de filho
a melhor cachaça.
Muita asma cancro sífilis chifre
se afogou em cachaça.

Parece era outro dia
a estrada cheia de menino, cheia de terra, até cobra havia.
Hoje só asfalto e gato prensado e cruz,
pavimentaram as cobras, os córregos,
em cima de tudo: luz
(e assim deram cabo de todo o medo de morcego
que fazia as meninas abraçar).
Cadê o pasto o gado,
onde o sino o cão as aulas de química os amigos?
Acho que todo mundo foi pra metrópole,

virou executivo,
retornam só no enterro dos avós
(no velório dos tios enviam e-mails, por vezes flores,
não há mais telegramas e o Joãozinho está doente).

Tem palavra que parece que sumiu.
Aqui não entendem de gabiroba de teju de tanajura de
minhoca de gaturamos de tuins
de tatu, oncotô
de bica, de cutia
ou do mistério das vulgívagas.
Acham Rosa difícil e sabiá é só pra rimar.
Cheiro de chuva
  de cachaça
  de vaca
  de galinhada
  de quintal
  de sol
  aqui é abstração.

E é só uma visão
ou a chuva da roça cheirava
mais chuva do que a chuva da cidade?
Acho que a chuva da roça
cheirava mais a cachaça
a cangaço a galinha degolada a preguiça.
Bem avisou minha tia que eu andava distraído:
larguei o espírito pra trás,
trinta anos depois eu agora ruminando isso,
deve ser o pão sem geleia

o inseticida das peras
as estatísticas de homicídios
ou esse canteiro de edifícios.

Melhor largar mão disso.
Este escrito, se não me cuido
me dão por depressivo
(um perigo, antes da cachaça
tentam comprimidos).
Quem não está satisfeito,
que se retire.
Se retire? Pra quando?
Trinta anos já é noite,
melhor deixar Minas em paz.

Só me resta voltar pra geladeira
(não há pereira e não é dia de feira)
e procurar uma outra pera.

PAISAGEM

A moldura molda
o resto da noite.
Há uma casa, uma porta,
uma luz a cruzar a porta
e a moldura da noite.
Pode ser a moldura da morte
a enganar a porta e a noite?
Pode ser só uma luz gasta
nas insônias da porta
que se abre ou fecha
às muitas molduras da rua.
Uma noite, tentei abrir a porta,
quebrar a moldura.
Não avistei chaves, luas ou sábios.
Desisti,
fiquei em frente à porta,
ave-rara renitente.
Fiquei eternamente junto à porta,
na espreita de um poema.

PROCURA-SE

uma casa perdida
em algum ponto do universo.
Recobri a cidade de anúncios,
procura-se urgente,
criança doente,
celular, recompensa.
Pari um poema
em que a casa estava prenhe
de um outro poema,
não era um caramujo
mas envolvia
matéria cinzenta
que não era alpendre.
Revirei as fotografias
do meu sono
e quanto mais o verso se contorcia
mais a busca era engano.
Foi quando arranquei,
de um aroma, a casa
e a açoitei: infame,
não é você que chamo!
Um último anúncio:
Vende-se poema
sem casa

sem versos
sem dono,
também troca-se
por sonhos.

O CÃO E A CASA

Minha casa e o cão:
não havia casa
quando não estava
o cão. Havia fotos, formigas
livros, flores, teto
todos finitos
sem o cão. O cão foi casa,
alimento, pão,
o cão, alimento meu
e da casa, e alimento
do próprio cão. Cresceu na casa,
sua canção;
foi para a casa
o que foi para mim:
um homem que tem um irmão.
Porque o cão era casa,
sua vida e a minha eram
antes a vida do cão.
Quando não estava
na casa, a certeza:
retornaria o cão.

Voltava, preenchia
(-me, a casa)
aquele cão.
Hoje, vazio da casa:
casa e eu
sem o cão.
Assim se descobrem
as coisas e as casas,
assim percebo.
Não existe casa
onde não existe o cão.

CASA DE AVÓ

Qua-
 tro
  de-
   graus,

lençol de luz cobre
a pele do alpendre
a tinta das flores
o canto da avó:

— João, sente o aroma das rosas!
— Vó, sinto só o cheiro do sol.

CASA DE AMIGO

Poeta de partes
poeta de todos
poeta de duplos
poeta de tudo
poeta dos pingos
poeta dos grandes
poeta calado,
irrequieto poeta, porém.

Poeta de cores
poeta de mostos
poeta de beijos
poeta de rostos
de portas
espaços,
poeta de amores
e de golpes também.

Poeta de parsecs
de tempos
de tardes
que espreita
que arde
e por fim

se biparte
num outro poema
o poeta, amém.

Poeta do abrigo
poeta da língua
poeta inscrito
no lírio da escrita,
poeta delírio
poeta martírio
poeta fascínio
de líricas vinhas.

Livre poeta,
assim te estimo:
poeta amigo,
poeta Akira.

REINO

Folheei uma casa
na abertura de um livro.
Bati, entrei,
dei com as letras do living.
Corri minhas rimas
nas ranhuras dos cantos,
acendi palavras
no colo dos monges.
Flutuei aflito
no pó mais antigo:
livro, abrigo,
umbigo.
Saí das estantes,
vi em volta
suas janelas distantes,
conchas de sombras.
Encontrei um escrito
sob o piano,
cerzido papiro
reescrito em vãos.

Na biblioteca adormecem
folheando fósseis
os versos esconsos
de um poema insone.

NINHOS

Na casa do rio
corria de lá
da estrada
o rio;
de cá, a casa
minha, um casario:
a casa do rio
era pra mim
alma em retiro.
Sozinho voava
pelo caminho
da estrada à casa,
da casa ao rio:
minha casa era
sono sem espinho.
A casa tinha filhos:
lambaris
andorinhas
colo de mãe
poema escondido.
O sol na varanda
era berço do menino,
o berço na acácia
era útero de passarinho.
Na casa do rio,
o universo era um ninho.

QUINTAL

No quintal
caiu uma comitiva
de goiabas daquelas
graúdas gostosas quentes.
— Zica, cozinha goiaba cascão?
— Claro, moleque glutão!
A copa da goiabeira
também gracejava:
casulo gordo, inquieto,
adocicando
o quintal da criança
e a criança no quintal.

REPARO

Repousa, pássaro,
repousa.
Passaram-se épocas,
é tempo de repouso.
É tempo de pensar:
pisa no pátio,
pousa no poço,
pousa sem pressa.
Pousa e perdoa
as pedras
as serpentes
o punhal
as pessoas.
Repousa, pássaro.
O tempo te povoou
de sopros, podias
pregar tuas preces
em praças, em paz,
e preferiste pecar.
Respeita teu passado,
porém:
é tempo de passar.
Repousa, pássaro.
Pousa sem pressa,
repousa pra sempre.
É tempo de repouso.
É tempo de parar.

ESPERA

Preso no pátio
o pássaro
procura escape
e tropeça
no espaço do templo.

Espreita,
apruma o arrepio
pia o último pio
e pousa sem pressa
no espelho espesso do tempo.

DESCANSO

O coco caiu do coqueiro
quase sem pressa.
Caiu só.
Caiu quieto.
Caiu para sempre,
comedidamente.

ABRIGO

Poemas cicatrizam tudo.
Poemas cicatrizam
fraturas
         almas
     quedas,
poemas cicatrizam
túnicas
algas
cervos feridos,
esconderijos
e os pesadelos dos mortos.
Poemas cicatrizam brasas,
posses,
contornos,
a tez da madrugada
e a despedida dos amantes.
Poemas por vezes
perdem qualquer seriedade,
fecham as cortinas
e resolvem cicatrizar a história.
Os poemas quando cicatrizam
tornam-se cicatriz
de si mesmos
e voz de outros tempos.

Poemas por vezes
se tornam casas acesas
e nos livram
dos velcros,
dos sulcos,
das fezes,
nos descobrem tanto
que a eles depois só resta
nos cicatrizar.
Quando a noite desce
sobre o teto dos poemas
o poema se instala,
anjo dos tempos,
e derrama sobre os bosques dos templos
as noites que um dia cobriram de noite os dias,
levantam das mágoas
as cicatrizes e punhais
dos enfermos que não devem se levantar.
O poema fustiga a cútis,
instiga a cicatriz,
e quando risca sua cor sobre o mundo
traça sua vida sobre os rios.
Os poemas resgatam das casas
a voz das avós mortas
e nos legam as cicatrizes dos colos
e as calhas dos afetos,
eles nos dizem que sua mãe foi a poesia
e que seus pais todos os homens, mulheres, mendigos,
meretrizes que amaram e habitaram as faces dos mares
nos séculos que se repetiram

em cicatrizes de versos esconsos.
Quando morre um poema
morre uma criança,
um universo
e um sentido,
quando morre um poema
brotam de outro
um celeiro de espinhos,
e uma coroa de sinos
ressoa sozinha
o pranto dos poemas vizinhos.
Quando morre um poema
morre um amigo.
Quando nasce um poema
renasce o menino
que se busca e se acha
na infância de um ninho.

SOBRE O AUTOR

RENDRIK F. FRANCO é escritor e bibliófilo. Seu primeiro livro de poemas, *Nossas pálpebras,* foi publicado pela Iluminuras em 2010. Entre 2007 e 2015, frequentou as Oficinas de Criação Literária do Museu Lasar Segall e da Fundação Ema Gordon Klabin. O autor atualmente reside em Toronto, Canadá.

CADASTRO
ILUMI//URAS

Para receber informações
sobre nossos lançamentos e
promoções, envie e-mail para:

cadastro@iluminuras.com.br

Este livro foi composto em Vendetta pela *Iluminuras* e terminou de ser impresso em setembro de 2016 nas oficinas da *Paym gráfica*, em São Paulo, SP, em papel off-white 90 gramas.